古城记忆

宜昌博物馆展览系列图集

宜昌博物馆 编著

唐凛然 主编

文物出版社

图书在版编目（CIP）数据

古城记忆 / 宜昌博物馆编著；唐凛然主编 . -- 北京：文物出版社，2022.12
（宜昌博物馆展览系列图集）
ISBN 978-7-5010-7489-1

Ⅰ . ①古… Ⅱ . ①宜… ②唐… Ⅲ . ①宜昌 – 地方史 – 史料 – 图集Ⅳ . ① K296.33-64

中国版本图书馆 CIP 数据核字 (2022) 第 060488 号

宜昌博物馆展览系列图集
古城记忆

编　　著：宜昌博物馆
图书策划：肖承云　向光华
主　　编：唐凛然
封面题签：罗　群
策划编辑：李　睿
责任编辑：宋　丹
责任印制：张　丽
装帧设计：雅昌设计中心
出版发行：文物出版社
社　　址：北京市东城区东直门内北小街 2 号楼
邮　　编：100007
网　　址：http://www.wenwu.com
经　　销：新华书店
印　　刷：北京雅昌艺术印刷有限公司
开　　本：889mm×1194mm　1/16
印　　张：5.25
版　　次：2022 年 12 月第 1 版
印　　次：2022 年 12 月第 1 次印刷
书　　号：ISBN　978-7-5010-7489-1
定　　价：108.00 元

总序

　　宜昌，世界水电之都、中国动力心脏，伟大的爱国诗人屈原、民族使者王昭君的故乡，是巴文化、楚文化交融之地。现有考古资料证明，夏商之时巴人就已存在。周初，巴人参与了武王伐纣之战，因功封为子国，即巴子国。早期巴文化遗址以清江及峡江地区分布最为密集。在宜昌发现的 40 余处巴人遗址中，出土了融多元文化为一体的早期巴人陶器和錞于、编钟、釜、洗等青铜乐器和礼器，族群特色鲜明。根据《左传·哀公六年》记载："江汉沮漳，楚之望也。"说明沮漳河流域是楚人政治、经济、文化和军事发展的重要之地。其经远安、当阳、枝江等全长约 276 公里的沿岸分布着楚文化遗存达 709 处。

　　秦汉以来，宜昌历经了三国纷争、明末抗清斗争、宜昌开埠、宜昌抗战等重要的历史事件，保留有各个时期大量的重要历史遗迹、遗存。历年来，通过考古发掘出土、社会征集了大量的文物和各类标本。

　　宜昌博物馆馆藏文物 40499 件 / 套，其中一级文物 108 件 / 套（实际数量 172 件）、二级文物 141 件 / 套（实际数量 184 件）、三级文物 1888 件 / 套（实际数量 3082 件）。楚季宝钟、秦王卑命钟、楚国金属饰片、春秋建鼓、磨光黑皮陶器等一系列的西周晚期至战国早期楚文化重器和精品，为我们勾勒出楚国作为春秋五霸、战国七雄而雄踞一方的泱泱大国风采。另外，还有馆藏动物、植物、古生物、古人类、地质矿产等各类标本，艺术品、民俗藏品等 10000 余件 / 套。

　　宜昌博物馆位于宜昌市伍家岗区求索路，建筑面积 43001 平方米。远远看去就像一座巨大的"古鼎"，古朴雄伟、挺拔壮观。主体建筑以"历史之窗"为理念，集巴楚历史文化元素为一体，形成了一个内涵丰富、极具文化特色的标志性建筑。外墙运用深浅变化的条形石材，呈现出"巴虎楚凤"的纹饰，表现出"巴人崇虎，楚人尚凤，楚凤合鸣"的设计效果。不但具备大气磅礴的外观，还体现着时尚的元素和颇具宜昌风味的文化特色。

　　大厅穹顶借用了"太阳人"石刻中"太阳"为设计元素，穹顶外围铜制构件巧妙地运用了镂空篆刻的设计，体现了宜昌地区祖先对太阳的崇拜以及宜昌作为楚国故地对屈子哲学的崇尚。迎面大厅正中的主题浮雕"峡尽天开"，用中国古代书画青绿山水技法，再现了宜昌西陵峡口的绿水青山，它既是宜昌地域特点的真实写照，也向世人展示着宜昌这座水电之城的秀美风采。

博物馆的陈列展览主题为"峡尽天开"。"峡尽天开朝日出，山平水阔大城浮"是著名诗人郭沫若出三峡时对西陵峡口壮阔秀美风光的咏叹，是对宜昌城地理位置的准确描述，也契合了宜昌由小到大，由弱到强，几次跨越式发展的嬗变历程。陈列展览针对大纲重点内容进行提炼并重点演绎，以特色文物为支撑，坚持"用展品说话"的设计原则，辅以高科技多媒体技术、艺术场景复原等手段，彰显开放、包容、多元的城市品格。展览共分十个展厅，分别是远古西陵、巴楚夷陵、千载峡州、近代宜昌、数字展厅，讲述宜昌历史文明的发展历程；风情三峡、古城记忆、书香墨韵，描绘宜昌多彩文化；开辟鸿蒙、物竞天择，寻迹宜昌人文与自然的传承永续。

宜昌博物馆展陈具有以下特色：一、内容综合性。它是集自然、历史、体验于一体的大型综合类博物馆；二、辅展艺术性。雕塑、艺术品、场景复原风格追求艺术化创新，艺术大家参与制作，老手艺、老工艺充分利用，多工种、专业交叉施工，使展览更加洒脱、细腻、生动；三、布展精细化。布展以矩阵式陈列展现宜昌博物馆丰富的馆藏，在文物布展的细节之处，彰显巴楚文化的地方特色以及精神传承；四、体验沉浸式。它区别于其他博物馆的传统式参观，引入古城记忆的沉浸式体验，穿街走巷间，感受宜昌古城风貌；五、运行智能化。充分运用 AR 技术、智慧云平台等先进的智能化互动方式，让展陈"活"起来；六、展具高品质。进口展柜、低反射玻璃、多种进口灯具组合，无论在哪一环节，都精益求精，打造精品博物馆。

筚路蓝缕，玉汝于成，宜昌博物馆从无到有，从小到大，凝聚了几代宜昌文博人的心血，见证了宜昌文博事业的发展。陈列展览通达古今、化繁为简、注重特色、彰显底蕴，处处体现着宜昌人的文化自觉、文化自信、文化自强。如今宜昌博物馆凤凰涅槃，并跻身国家一级博物馆行列，即将扬帆踏上新的征程。让我们寻迹宜昌发展的脉络足迹，共同打造文化厚重、人气鼎盛的现代化梦想之城！

苏海涛

2021 年 12 月于湖北宜昌

目　录

展览概述

第一章：城池旧貌

· 序厅

· 尔雅街

· 照相馆

· 德茂隆药材号

· 祖屋　振丰绸缎号

· 裕华钱庄

· 石印馆

· 民居

· 墨池书院

· 文庙

· 牌匾

第二章：时光走廊

第三章：民生百业

· 手工业工具

· 蒋永兴棉絮坊　竹篾坊

· 邹郭顺铁匠铺　陶器坊

· 兴阳泰糕点铺

· 朱大顺榨油坊　豆腐坊

· 万昌隆杂货铺

· 武昌公所

· 戏楼

· 粮行

· 镇江阁

· 吊脚楼

· 树木、花卉盆栽　窗花

· 互动体验

· "九佬十八匠"铜雕

· 展陈材料征集

结语

展览概述

古老的宜昌城，在漫长的城市发展史上，留下了许多斑斓的记忆。岁月嬗递，一些老旧的建筑在时代的发展中渐渐消逝；曾经耳熟能详的街道小巷，已沉淀为昨日的回味；各种传统的手工行业，也渐渐淡出城市生活的视野。20世纪30年代，宜昌这座具有两千多年历史的古老城市，尚保存着大量的明清建筑、名胜古迹与欧式建筑，全城有260多条大小街道和10多万居民，城市规模在当时的湖北省仅次于武汉。

为了重现宜昌古城往日风貌，再现那些已逐渐淡出人们视线的老宜昌人的生活画面，唤起人们对家园的记忆，

宜昌博物馆巧妙利用建筑顶楼的露天空间，举办了《古城记忆——宜昌古城风貌展》。该展览充分利用近年征集的大量老旧建筑材料、构件与民俗藏品，对宜昌古城的部分代表性景观进行了复原。以往博物馆的古建筑复原往往位于室内展厅中，造成建筑的封闭与压迫感，露天的设计使古城建筑真正融入其本应所处的自然环境中，与日月星辰、风雨雷电有了充分的交流，更为其增添了生机与灵性，也使观众在参观完相对封闭、昏暗的室内展览后，来到顶楼顿觉豁然开朗、眼前一亮。这种沉浸式体验，让观众的参观由被动化为主动。

一、展览内容

本展览通过 2600 平方米的楼顶露天平台，展示清末民初的宜昌古城区街市景观，介绍民国宜昌城市布局、代表性的建筑与传统工商业。展览分为城池旧貌区与传统手工业区两个区域：城池旧貌区主要展示老城文化和商业区，以城门、墨池书院、文庙、尔雅街、民居、绸布庄、钱庄、照相馆等为主，展示老宜昌人的精神信仰、文化教育、饮食起居、商业流通等社会生活的方方面面；传统手工业区主要展示以"九佬十八匠"为代表的宜昌手工业、码头文化等，以武昌公所、镇江阁、戏楼、铁匠铺、糕点铺、榨油坊为主，展现古城百业兴旺、喧嚣繁华的市井生活；两大区域之间为过道区，主要对宜昌牌坊、古建筑木构件、家具及其构件、马车等进行展示，并辅以古城老照片、老地图，让观众在时空的长廊中品味古城的真实模样，鉴赏传统木雕工艺杰作。

二、展陈形式

展览充分利用露天的空间优势，在保证承重与防火安全的前提下，参考各类志书与老照片，选取宜昌古城的代表性建筑进行了最大程度的复原；充分利用前期征集的青砖、门框、抱鼓石、柱础、格扇门、花窗等各类老建筑材料与构件，配以仿古地砖、条砖、实木墙板、中式花窗、花格等仿古材料的自然融合，呈现出建筑的古朴风貌。

将馆藏的家具、日用器具、生产工具、匾额、木船等民俗藏品，根据不同的建筑性质置入其中充实内部陈设，配合仿古灯、灯笼、仿古家具、画像、食品模型、图文展板等辅助展品，营造逼真而贴切的场景内容。

邀请业界著名工艺美术师，精心设计制作一批"九佬十八匠"形象的铜质雕像，将其融入各个场景之中，它们造型准确传神，为展览增添了"人气"、烟火气与趣味性，生动演绎了古城曾经的喧嚣与繁华。

根据中国古典建筑园林因地制宜、步移景异的设计理念，各类树木、花卉及盆栽遍布整个展区，不同季节开放的花卉相互搭配，为整个展览增添了勃勃生机与亮丽色彩。

三、互动体验

充分利用此处场地特点，开展元宵猜灯谜、旗袍走秀、古装摄影、儿童探案解密、成人剧本杀、夜游古城等各类实景体验活动，让老建筑、老物件更加鲜活起来，进一步增强观众徜徉在古城中的真实情境感与互动体验感。

通过精心设计以上展览内容、综合运用各类展陈手段及开展各类观众体验活动，该展区向观众呈现出一个真实而丰满的宜昌古城缩影；穿街走巷间，让观众感受历史文化的厚重；移步换景中，使心灵重温怀旧记忆的惊喜与感动。

《古城记忆》展区总平面图

《古城记忆》展区俯视

展览概述

第 一 章

城池旧貌

今日宜昌城的布局源于明代夷陵城的兴建，明洪武十二年（1379 年）所建宜昌城墙周长约 2.5 千米、高 7 米，城垣呈椭圆形，初设八座城门（后改为七门），东、南、北三面挖有城壕，西南凭长江之险护城。

民国时期，宜昌老城商业区主要集中于通惠路、云集路、福绥路等街道，街道间有致德里、美华里、安福里等住宅区，仿照上海、汉口的城建格局规划建设，建筑排列紧凑，材料坚实，部分呈西式风格。

◉ 此处为整个展览的序厅，观众从现代化的展厅跨过厚重的城门，巨大的反差给观众带来豁然开朗的惊喜，让人瞬间从现代穿越回那老旧时光，一幅古城的画卷就此在眼前徐徐展开。

取自《宜昌府志》的《夷陵古城图》镌刻于城门旁的铜板之上，让观众初步了解古城的大致布局，古朴的地图线条配以黄铜的背景色，更显岁月的斑驳沧桑。

在拆迁的老街巷中征集而来的各式门牌集中展示于城门的另一侧，琳琅满目的老街巷名称化作一个个符号，撩拨起老宜昌人在此成长嬉戏的亲切记忆。

尔雅街位于学院街和献福路之间，原名锁堂街（因纪念明代南京工部尚书刘一儒而得名）。相传晋代名人郭璞驻夷陵时曾在此街居住，注《尔雅》。为纪念郭璞，新中国成立后将此街改名为尔雅街。此街是宜昌一条名噪数百年的历史街道，虽然街道不长，却有不少历史旧迹坐落于此，如著名的尔雅台，就在街中的尔雅书院中。还有明月台、明月池相映生辉，而"雅台明月"是宜昌明、清以来著名的东湖"八景"之一，是人们寻幽觅胜的好去处。

尔雅街旧影

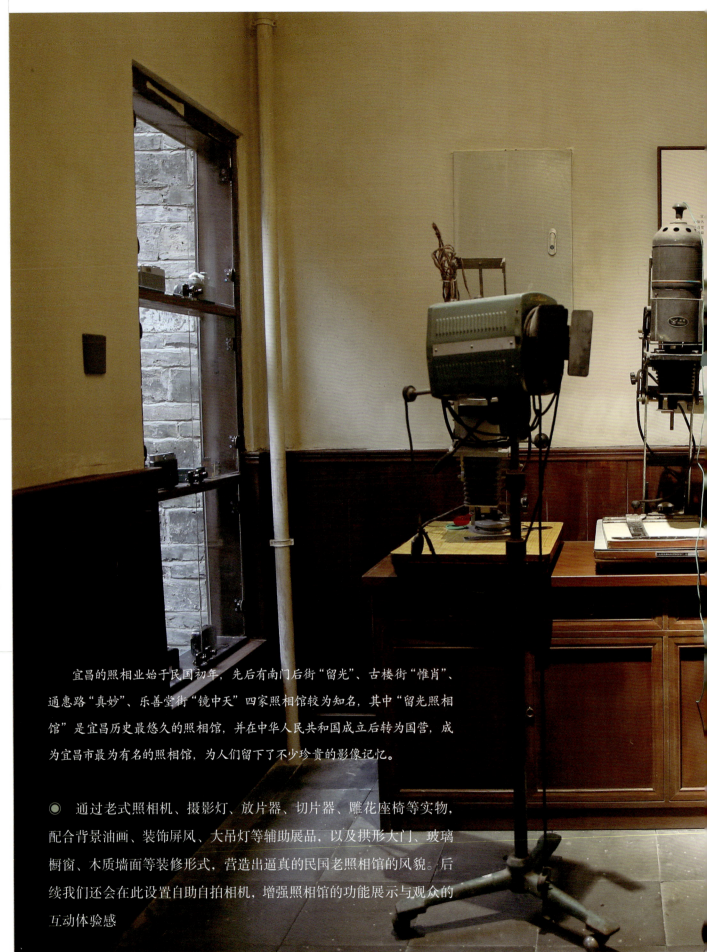

古城记忆

>> 宜昌博物馆展览系列图集

　　宜昌的照相业始于民国初年，先后有南门后街"留光"、古楼街"惟肖"、通惠路"真妙"、乐善堂街"镜中天"四家照相馆较为知名，其中"留光照相馆"是宜昌历史最悠久的照相馆，并在中华人民共和国成立后转为国营，成为宜昌市最为有名的照相馆，为人们留下了不少珍贵的影像记忆。

◉　通过老式照相机、摄影灯、放片器、切片器、雕花座椅等实物，配合背景油画、装饰屏风、大吊灯等辅助展品，以及拱形大门、玻璃橱窗、木质墙面等装修形式，营造出逼真的民国老照相馆的风貌。后续我们还会在此设置自助自拍相机，增强照相馆的功能展示与观众的互动体验感

民国时期，宜昌经营药材业的店铺遍及城乡。其中江西会馆开设的德茂隆药材号，不仅经营药材，还设有坐堂郎中，为病者拿脉开方、就地抓药，是宜昌城内名望较高的药铺之一。

◉ 通过诊断桌、药碾、擂钵、盘秤、算盘等老物件，配以百子柜、置物台、"悬壶济世"牌匾等辅助展品，还原德茂隆药材号坐诊抓药的场景。

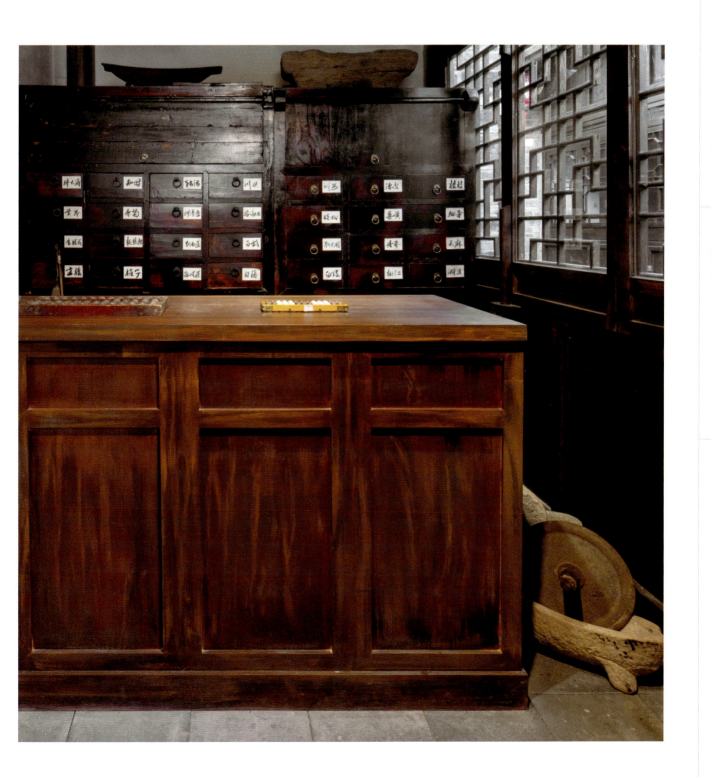

　　祖屋是宗族祭祀祖先或先贤的场所，主要用于祭祀先祖和家族内商议、决定重要事务，此外也是各房子孙办理婚、喜、寿等事宜的场所。此处集中展示春台、木雕观音像、彩绘木雕童男童女像、道教水陆画等展品，体现当时人们的宗族意识与信仰追求。

振丰绸缎号是一家宜昌老字号，为安徽帮商人在此开设，主要经营四川蜀锦、刺绣、湖南湘绣等国产绸缎，随着生意日益兴隆，逐渐成为宜昌老城的著名品牌店。

◉ 利用纺纱机、织布机等生产工具与刺绣等经营产品，展示民国时期宜昌纺织业的兴盛与织绣商品的品类丰富、品质优良。

>>> 宜昌博物馆展览系列图集

　　钱庄是中国早期的一种信用机构，起源于银钱兑换，其后逐渐发展为办理存放款项和汇兑，是现代银行的雏形。

◉　以正对大门的铜钱造型突出钱庄的经营业务，加上钱柜、算盘、砚台、雕花桌椅、木雕书法等展品，精心营造出钱庄迎接四方商贾的经营场景。

　　石印是平版印刷的一种方法，分单色和彩色两种，非常适合在宣纸上印刷，且版面能够根据需要随意缩放，大部头的丛书、类书体积因而大为缩小，一些稀见的字画碑帖、名人手迹通过石版影印，也得以化身千万，给读者带来了极大的便利。

　　◉　此处通过展柜重点展示馆藏精品木刻印版，并在墙上设置大幅木刻印板照片，更清晰地展示印版文字内容。

木刻印版

宜昌区域民居建筑主要为天井院式，一个或一组天井院为一个居住单元，通常包括门屋、天井、厅堂、东西厢房等。有些规模较大的民居还有二进、三进院落，远安曾家大花屋进深甚至超过七进。

宜昌民居特别重视花窗的装饰，花窗造型丰富、雕刻精美。外墙上花窗窗框为石质，木质窗扇设于屋内。砖雕"燕子"门楼也是宜昌民居一大亮点。出于地势与风水学的原因，一些民居还特意将宅门斜向设置，这一奇特的现象当地俗称"歪门邪道"。

正厅

天井

厨房

卧室

◉　此处按照一进二层式格局对民居的门屋、天井、中堂、卧室、厨房作了完整的复原，将馆藏老旧花窗、格扇门融入房屋结构中，配以牌匾、春台、八仙桌、雕花床、梳妆台、碗柜等家具物件，让观众对旧时人们的饮食起居有了更真切的体验。

书院门前有状元桥，桥下½
水池，池内生长有水生植物与f
类，为整个建筑群增添了灵动½
生机。

墨池书院位于原宜昌城区献福路新街（星街），相传东晋文学家郭璞、北宋文学家苏轼曾在此洗笔使池中水变为墨色，故名洗墨池。明弘治七年（1494年），夷陵知州陈宣在此建墨池书屋；清康熙年间知州宗思圣改建为书院；乾隆十三年（1748年），知府陈伟重新修葺；道光八年（1828年）知府程家颋将书院扩建至七十二间，庠生二百余人，成为书院最为繁盛之际。

抱鼓石

◉ 书院大门两侧用馆藏文物抱鼓石装饰，将文物与复原建筑有机结合，用以展示这类建筑构件的使用方式。

以春台、书桌、太师椅、雕花床、博古架等藏品复原书院的圣殿、讲堂、山长房等房间场景，从中依稀可以感受当年"郡诸生会课于墨池"的场面。

讲堂

圣殿

◉　状元桥边设有一处碑廊，雕花石柱础，木质廊柱，卷棚硬山顶，廊边展示馆藏

碑刻拓片，并陈设桌椅、方几，供观众在此休憩与欣赏拓片。

《明大中大夫王良佐墓志》拓片

◉ 此处采用重檐歇山顶的屋顶结构与抬梁式木架构对文庙大成殿进行复原，内置春台、桌椅、铁磬等藏品，辅以孔子像与部分弟子简介等辅助展品。建筑前置一方石雕八仙纹水槽。

宜昌文庙旧影

　　文庙是纪念和祭祀我国伟大思想家、政治家、教育家孔子的祠庙建筑。明清时期，各州、府、县治所所在都有文庙，它是我国最为重要的古代建筑类型之一，也是我国古代文化遗产极其重要的组成部分。宜昌文庙为清顺治九年（1652年）知州朱长允创建，文庙大成殿内正位有"至圣先师孔子"木雕像与清代各时期皇帝御书匾额。

牌匾是中国独有的一种文化符号，广泛应用于宫殿、牌坊、寺庙、商号、民宅等建筑的显赫位置，向人们传达皇权、文化、人物、信仰、祝福、商业等信息。为牌匾题字者主要是当时的显贵、名流和书家。此处专门针对馆藏清至民国时期牌匾进行集中展示。

第 二 章

时光走廊

本部分为《古城记忆》两大展区之间的连接走廊。穿行在牌坊下，观众可以通过老照片与老地图找寻百年前古城的真实景象；可以细细品鉴精雕细琢的建筑构件与木雕家具的艺术魅力；感受当时出行与劳作的交通运输方式。

赐重锦光

恩崇

在展墙区域对面集中放置一排馆藏
雕花木椅与方几，既丰富了走廊区域的
展陈内容，也让观众可以在此遮风避雨，
驻足小憩，细细观赏对面展墙上的木雕
艺术精品。

圆雕彩绘仙人执灯雀替

近现代
高57.6厘米，宽15.5厘米，厚13.9厘米
宜昌城区征集

　　宜昌开埠后，大量西方人涌入宜昌，拍摄了许多反映宜昌码头、建筑、社会生活、自然风光等的照片，这些珍贵的照片成为考察宜昌城市最早的影像资料。我们选取部分代表性照片，同时查阅文献所载清代宜昌地图在此展示，真实展现百年前的宜昌旧貌。

《古城记忆》展区与室内展厅间通道

献福路
51
邮政编码 443000

宜昌博物馆收藏有大量木雕建筑构件、家具等传统木雕艺术精品，这些物件反映了峡江地区木雕匠人的精湛技艺与木雕艺术的独特魅力。此处选取部分精品，将其融入老建筑的剪影轮廓中，通过错落有致的布局让观众体验其艺术性。

透雕双龙戏珠床眉

近现代
长165厘米，宽40厘米，厚24厘米
宜昌城区征集

第 三 章
民生百业

古老的宜昌城汇集了各行各业的手艺匠人，他们的传统技艺各具特色，又与每个人的生活息息相关，共同构成了古城市井生活的多彩画卷。本部分重点还原古城各个行业的代表性店铺与商帮公所、戏楼等，让观众身临其境地找寻旧日市井生活的熟悉记忆。

宜昌传统手工业生产分工精细，从业者众多，具有鲜明的地域特色，不同的行当使用各具特色的工具。此处对木匠、泥瓦匠、石匠、鞋匠、杀猪佬等众多手工行业的工具进行了集中展示。

◉ 众多手工业工具按类别固定于墙上，同时墙壁上部设有各种工具使用方式的示意图，让观众对展品的了解更为直观。

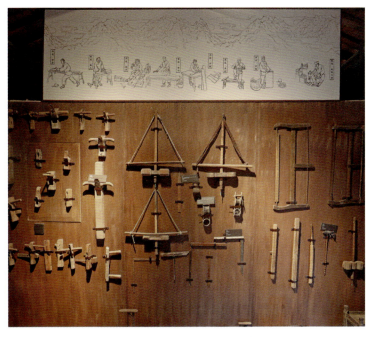

此处在墙壁上展示弹棉花的各类工具，并辅以棉花匠铜雕像，生动展示棉絮坊内的劳作景象。

蒋永兴棉絮坊是宜昌本地较大的棉花店铺，位于宜昌城内乐善堂街。蒋氏有三兄弟和三妯娌，都精于棉絮加工手艺，他们一家人团结、勤劳，对街坊众人谦和，所做棉絮不短斤缺两，结实耐用，在宜昌颇有名气，受到百姓喜爱。

◉ 宜昌竹篾、篙缆与制绳业在清末民初盛行，西坝、滨江路、大小北门、镇川门、南门一带有四十余户从事这一行当。他们不仅生产船用纤绳等工具，还大量生产山货的包装篓、背篓、挑担的绳索、棕床绳索及商品包装用捆扎绳索等。

陶器坊

● 此处以富有张力的雕塑、仿真的炉火与各类铁匠用具、老旧铁制品真实还原了铁匠的劳动场景，走进其中我们仿佛听见那清脆的锻打声。

邹郭顺铁匠铺

邹氏三代人经营铁器制作，在宜昌城先后开有三家铁匠铺，在宜昌享有盛名，其产品以锄头、犁耙、镰刀等农用铁具为主。

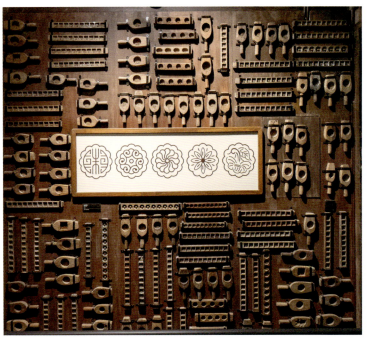

　　兴阳泰糕点铺是浙江会馆开设的一家老字号，主要制作各类糕点食品。

● 　通过仿真糕点、日期章、容器、柜台、工作台等还原糕点铺制作与售卖场景，并将馆藏的各式糕点模具阵列式排布于墙面，给人以纷繁而又有序的美感。

榨油坊是民间植物油提取的重要场所。朱大顺是宜昌最大的老字号榨油坊，各种植物油料均能加工。朱家在宜昌城南、城北开有分号，俗称"南号朱大顺"、"北号朱大顺"。

宜昌城内豆腐坊基本在主街后的背街开办，规模较小。由于豆腐等豆制品是百姓日常生活必备食品，故豆腐坊在城内开办较为普遍。

万昌隆杂货铺是汉阳商会经营的店铺，主要经营豆类、核桃、白果、山枣、茶、桐油、柏油、纸、炭、牛羊皮等。其中桐油、柏油、牛羊皮等是近现代宜昌远销国际市场的大宗货物，经宜昌通商口岸每年出口均在一万担以上。

◉ 街角通过石雕井圈实物、井架模型与人物打水的背景画虚实结合，展示传统水井的使用方式。

"武昌公所"青灰砖

2016 年新民街一栋三进院落实体墙中，发现许多砖面烧制有"武昌公所"字样的青灰砖。根据此建筑用砖的形状、质量和粘连浆判断，墙体建筑时代当为明代晚期至清代早中期。《宜昌府志》（清同治三年编纂）载："郡城商市，半皆客民，有川帮、建帮、徽帮、江西帮、黄州武昌帮等。"据此推测，武昌公所于清同治年前便已存在，是武昌商会在宜昌开办设立的一处会所。

天井

厢房

厢房

账房

　　戏楼是中国传统戏曲的演出场地，是戏曲表演艺术与古代建筑艺术巧妙结合的产物。它既是一种建筑形制，也是一方文化展台。其种类繁多，在不同的历史时期有不同的样式、特点、建造规模。

◉　此处以歇山顶抬梁式结构复原戏楼建筑，辅以牌匾与木质对联等藏品，并加入了三峡风光背景，突显了其峡江地域特色，在融入街区场景的同时，也可作为戏曲演出的实用场地，进一步丰富展览的形式与内容。

粮行是出售五谷杂粮的商号，粮行门口放置米碓与石臼等加工谷物的工具，既突显了粮行的业务特色，观众也可以亲身体验传统的粮食加工方式。

　　粮行内墙上挂书当日物类价目，柜台、谷袋、谷攌、米桶、米缸、米斗、杆秤等用具依次摆放，人们根据自己的需求购买谷米、麦面、豆类等粮食。宜昌镇江阁粮行为宜昌老字号，历史悠久。

谷仓

第三章　民生百业

杆秤与谷袋

镇江阁始建于清康熙三十八年（1699年），为三层歇山顶楼阁式建筑。该建筑由水运粮食商人周人和、毛泰和、张福顺等8人发起修建。每年三月十五、六月初六为同业商人们酬神集会之期。集会期间，会商一切"应兴应革"事宜，从此同业代客买卖皆在镇江阁处公所内交易完成。

清代镇江阁

◉ 此处展示了馆藏"创修镇江阁记"石碑原件，该碑详细介绍了镇江阁的修建缘由和经过，让观众直接通过自己的双眼去阅读最真实的史料。

　　吊脚楼是峡江地区沿江居民为适应江水漫滩而修建的特色建筑。吊脚楼半为陆地，半为水。一般为四柱三间，居中的一间（中堂）设祖先神位，左右两房住人，称"小二间"。小二间前设火铺，火铺中间置火炕，用于取暖、煮饭，火炕上空吊有炕架，用以熏炕腊肉、野味等食物。

　　◉　此面墙体采用立体造型，展现了峡江地区吊脚楼的结构特点，配以扛包工、大碗茶铺雕塑，营造了江边码头的生活景象。与吊脚楼和码头相对的是磨基山浮雕，磨基山作为宜昌城长江南岸从古至今的重要自然景观地标，使观众在古城之行即将结束时自然地过渡到了今日熟悉的城市风貌。浮雕前放置实物木船，虚实相生，更延伸了场景的空间感。

◉ 古城展区与室内展区间连通的走廊，以各类形制的仿古石雕窗花装饰，让普通的白墙面更自然地融入整个古城的格调之中。

各类树木、花卉盆栽

各类互动、体验活动

元宵猜灯谜

儿童探案解秘

古装摄影

旗袍走秀

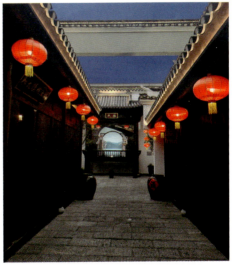

夜游灯光

"九佬十八匠"
铜雕塑

篆刻匠

篾匠

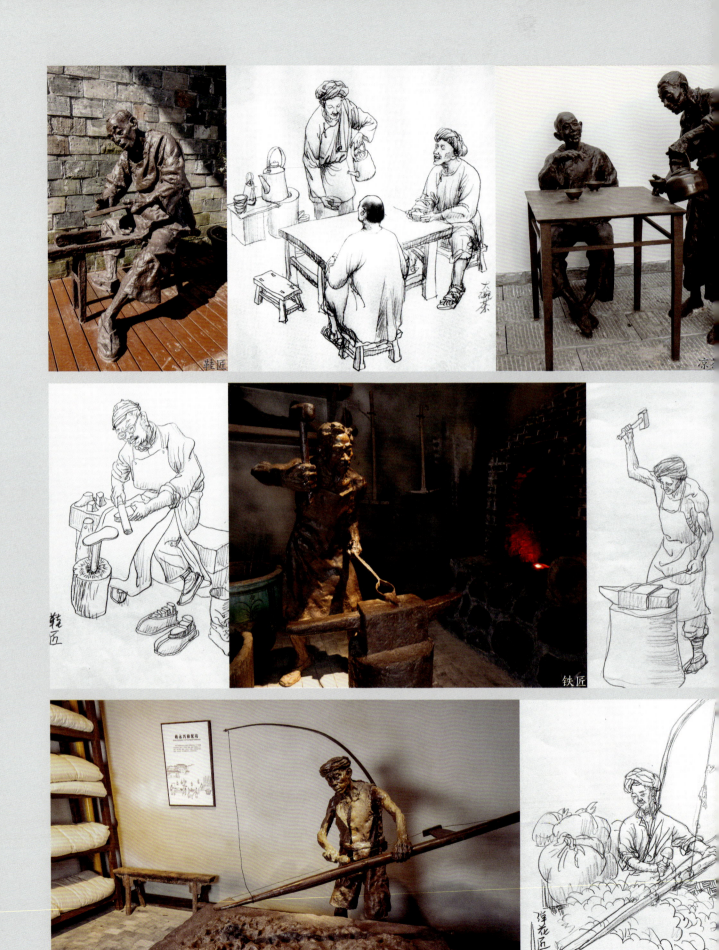

鞋匠

大碗茶

凉

鞍匠

铁匠

棉花匠

弹花匠

补锅匠

磨刀匠

剃头匠

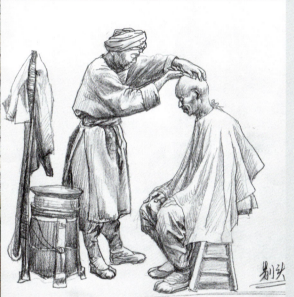

剃头

磨刀匠

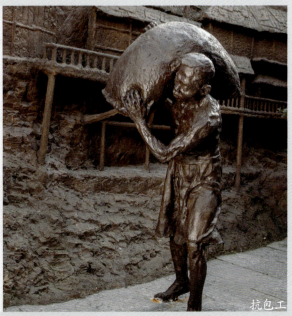

抗包工

在宜昌旧城改造的拆迁过程中，文物工作者立足长远，积极作为，抢救性保留了大量老街老巷的建筑材料、构件与民俗藏品。它们成为日后《古城记忆》展览古城复原的重要材料，被恰到好处地运用于展览的各个建筑与场景中。这些历经岁月沧桑的物件在《古城记忆》中得以重获新生，而《古城记忆》也因它们而诠释了历史的本真与厚重。

结语

　　宜昌古城是承载宜昌城市发展历史的桥梁，是一部鲜活的地方史，同时也是一部传统文化史。我们试图通过复原部分建筑、街道、店铺等场景，让大家管窥宜昌城市发展的历史画卷，追溯宜昌逝去的岁月，希望能唤醒人们记忆中的乡愁，延续我们的文化根脉。